OBSERVATIONS

SUR PLUSIEURS

DE NOS INSTITUTIONS SOCIALES.

(OCTOBRE 1835.)

OBSERVATIONS

SUR PLUSIEURS

DE NOS INSTITUTIONS SOCIALES,

SUR LA GARDE NATIONALE,

ET SUR L'ORGANISATION

DE L'ARMÉE FRANÇAISE.

DÉDIÉES A LA CHAMBRE DES DÉPUTÉS,

PAR G. M. DUBIGNON.

OCTOBRE 1835.

PARIS.

IMPRIMERIE DE PIHAN DELAFOREST (MORINVAL),
RUE DES BONS-ENFANS, N°. 34.

1836.

[illegible]

[illegible]

[illegible]

[illegible]

[illegible]

[illegible]

[illegible]

[illegible]

[illegible] VERLAG [illegible]
[illegible]
[illegible]

OBSERVATIONS

SUR PLUSIEURS

DE NOS INSTITUTIONS SOCIALES.

———

Depuis un demi siècle, les regards de l'Europe ont fixés sur la France, cette terre chérie, des arts, des sciences, de la civilisation et de la liberté. De grands événemens se sont succédés et plus d'une fois, le cours de sa prospérité en a été fort ébranlé; il a fallu livrer de nombreux et terribles combats, pour arriver enfin à conquérir une sage liberté; mais l'édifice n'est pas achevé, il reste encore beaucoup à faire pour le consolider.

Notre chère patrie est appellée à de hautes et brillantes destinées; long-temps notre beau caractère national, nous maintnît à la tête des nations voisines; il est de notre honneur de ne pas nous laisser dépasser. Ce n'est plus sur les champs de batailles où nous voulons briller et chercher de la gloire : par notre révolution de 1830, nous sommes entrés dans une voie pacifique et toute de civilisation. Cette révolution fut admirée par nos voi-

1.

sins, elle nous attira même l'affection et l'amitié de nos anciens rivaux en gloire ; elle ne doit pas rester stérile.

Cinq ans se sont écoulés, sans que nous ayons fait un grand pas vers le bonheur public ; français de toutes les opinions, assez long-temps nous avons été divisés ; il est temps enfin de nous rallier, dans un sentiment noble et généreux, celui de l'amour de la patrie et de l'humanité. Qu'elles cessent nos haines et nos divisions, que tous les hommes de mérite et de dévouement, s'empressent d'apporter à leur pays le tribut de leurs méditations pour doter utilement la France de toutes les institutions qui sont nécessaires à ses besoins et qui peuvent la grandir, l'embellir et la rendre heureuse ; voilà la grande et noble politique qui doit fixer nos regards et nous occuper désormais.

Une guerre sourde règne dans l'organisation actuelle de notre société, et nous menace sans cesse d'éclater entre l'homme qui possède et celui qui n'a rien ; il est important de voir quels sont les moyens à employer pour arrêter ce mouvement et et maintenir l'union entre les membres de la grande famille. C'est à vous, hommes généreux et instruits, qui connaissez tous les besoins du pays, de vous charger de résoudre ce problème difficile, donnez-y toute votre attention, je crois que c'est là la source de tous nos maux.

Peut-être pourrait-on déjà y remédier en partie, par un bon système municipal. En effet, chaque commune représente en quelque sorte une famille, dont la réunion forme la nation française ; chaque commune élit librement ses magistrats ; ainsi, ils doivent être l'expression de la confiance et de l'estime de leurs concitoyens ; ils exercent par conséquent sur eux, une grande et salutaire influence. L'on peut dire, que par le mode actuel de leur élection, ils sont devenus les pères de la famille, et de bons pères doivent veiller sans cesse avec zèle et dévoûment, au bien-être de tous les enfans de cette même famille. Le travail est la véritable source du bonheur public et domestique ; il ne reste donc plus qu'à l'organiser dans l'intérêt de tous ; il n'y a plus qu'un pas à faire, pour arrêter et détruire même, l'oisiveté, la fainéantise, la mendicité, la misère. Distribuer avec discernement des secours aux vieillards, (1) aux infirmes,

(1) Plusieurs essais ont été tentés par des hommes de bien et amis de l'humanité. L'honorable M. de la *Réveillère*, député du département de Maine-et-Loire, a fait un essai qui a eu le plus grand succès dans la commune d'Avrili près Angers, dont il est maire. Avec moins de 1,000 fr. de dépense par an, distribués avec une attention vigilante et toute paternelle, tous les malheureux de sa commune, dont la population est d'environ 1,000 habitans, ont été secourus à domicile, en nourriture, vêtemens et en travaux. La mendicité a été complètement détruite et le bonheur public assuré. Honneur et reconnaissance à ce digne citoyen qui nous a enseigné à faire une action si bonne et si utile. L'heureuse idée de M. de la Réveillère a obtenu un résultat si complet, que la dépense pour 1835 s'élèvera à peine à 400 fr., quoique sa commune possède une industrie fort périlleuse, celle de *carrières d'ardoises*.

aux pères de familles, dont le travail est insuffisant
à les nourrir ; serait apporter un bienfait immense
à la société ; une loi ne devrait-elle pas intervenir
et fixer les bases de cette organisation.

Ne serait-il pas nécessaire de créer dans chaque
département, et selon les besoins des populations,
une ou deux maisons d'asile pour y recevoir les
vieillards, pauvres, infirmes ou hors d'état de ga-
gner leur vie par le travail, ce serait encore accom-
plir un devoir que nous prescrit l'humanité, et malheureusement jusqu'ici beaucoup trop négligé. (1)

Fonder pour les enfans, pauvres orphelins ou
abandonnés, des écoles à la Fellemberg (2) où l'on

(1) Il y a déjà plusieurs années je m'étais occupé de réu
nir les matériaux nécessaires pour connaître approximative
ment le nombre de vieillards, qui se trouvaient avoir be
soin d'asile et de secours ; ce travail était difficile et je dus
y renoncer. Il est, selon les localités, extrêmement variable.
Cependant je trouvai par aperçu qu'il y avait à peine deux
individus par 1,000, qui fussent dans cette position. Un
bon système municipal doit le réduire à moins de moitié ;
se serait donc pour un département de 300,000 habitans
300 vieillards à entretenir, qui, à 200 fr. par individu, por-
tera la dépense à 60,000 fr. par an ; une somme plus considérable est dépensée en aumônes. D'ailleurs les maisons
d'asile seraient autorisées à recevoir des donations.

(2) L'illustre M. de Fellemberg est, [sans nul doute,
l'homme de l'Europe qui, dans le siècle actuel, a rendu le
plus important service à l'humanité. Que de reconnaissance
l'on doit à l'homme généreux, qui eut l'heureuse pensée
d'appeler près de lui tous les enfans pauvres ou orphelins
de la contrée (*Berne Suisse*), et s'occupa avec un dévoi-
ment sans exemple, à leur donner une éducation morale

récueillerait ces malheureux enfans, leur donner, comme l'a si bien enseigné et pratiqué depuis vingt ans, l'illustre M. de Fellemberg, une éducation morale, religieuse et intelligente, tout en leur donnant des habitudes laborieuses et les occupant selon leur force, à des travaux d'agriculture, (industrie où il y a place pour tout le monde) ce serait encore bien servir l'humanité et la patrie.

En agissant ainsi nous détruirions la mendicité et les causes principales de la misère ; nos pauvres enfans orphelins, ne seraient plus abandonnés ; dans ces écoles, ils retrouveraient une famille, et ils deviendraient des hommes précieux au pays, au lieu d'être souvent le fléau de la société. L'homme laborieux trouverait toujours le travail suffisant à ses besoins, et nos vieillards les secours et les soins que l'humanité nous prescrit de leur donner.

Voilà les bienfaits que nous devons attendre de la révolution de 1830 ; voilà du moins comme je l'ai comprise.

ligieuse, tout en développant leur intelligence et leur donnant des habitude laborieuses dans des travaux d'agriculture ! Plus de 1,000 individus, sortis de cette école hommes faits, où ils étaient entrés enfans ; peuvent attester l'immense avantage que le pays a retiré de cette éducation. Depuis trois ans M. de Fellemberg a eu encore la généreuse idée de former, dans la même localité, une école Normale, où, pendant trois mois de chaque année, il reçoit gratis et à ses frais, cent vingt maîtres d'école pour les instruire et les former à l'art d'enseigner. Tous ces hommes, destinés à conduire les écoles de son pays, sont logés, nourris, blanchis sans aucune espèce de rétribution.

L'instruction publique va recevoir un grand développement, et donner à la France une pépinière de jeunes gens remplis de talens et de capacités. Il est bon déjà de s'occuper de savoir comment l'on pourra caser cette foule de jeunes et nobles ambitions.

L'armée a son organisation, l'on y arrive par l'Ecole-Polythecnique, par l'Ecole-Militaire, par suite de concours publics et par la capacité reconnue. Il en est encore de même pour l'instruction publique; la France s'est trouvée parfaitement bien de cette manière d'agir; il est utile, je crois, de l'admettre dans toutes les branches de notre administration. Ainsi, le jeune homme qui se sera distingué par d'excellentes études, devrait, trouver, comme récompense, la faculté d'entrer à l'Ecole de Droit avec une bourse, ou une demi bourse, et de là, si ses études l'en rendent digne et capable, il aura le droit d'entrer dans la magistrature, où des places lui seront réservées; il entrera de même comme auditeur au conseil d'état, école destinée à former des administrateurs habiles; Il en sera de même pour tout le service administratif, et partout l'on arrivera, par de bonnes études, par la capacité, le mérite. Toute la société y gagnera. Le ministère lui-même, trop souvent forcé dans sa volonté, par l'exigence et l'intrigue sera heureux de se débarrasser d'un rude fardeau, qui, pour un heureux qu'il a fait, et qui souvent est peu capable, se crée vingt ennemis jaloux. La moralité publique y trouvera aussi de bien grands avantages, qui doivent être appréciés.

L'homme arrivé à 70 ans, qu'il soit magistrat ou administrateur, commence à être usé et fatigué; il a besoin de repos, il doit prendre sa retraite et faire place à la jeunesse, tout en conservant son titre honorifique. Tous les hommes arriveront aux emplois publics, par le mérite et par le talent, tous les services y gagneront en considération. En agissant ainsi, nous détruirons complétement l'aristocratie, qui, sous toutes les formes, cherche sans cesse à renaître, quoique pourtant la France n'en veuille plus. Le gouvernement sera débarrassé de ces éternels et puissans solliciteurs, qui viennent sans cesse entraver la marche de l'administration.

Des routes, des canaux ne sont pas suffisans à notre prospérité; il faut nous hâter de créer des routes en fer (ou en beton), si impatiemment attendues. Il faut que l'on puisse promptement voyager du Hâvre à Strasbourg, de Toulon à Mézières, Lyon, et Paris. Ce sont de grands travaux à entreprendre; le gouvernement doit favoriser et s'associer à ces grandes et vastes entreprises. Une association nationale se formera promptement pour en faire les frais. Une partie de l'armée peut être utilement employée à la confection de ces monumens nationaux.

Il nous faut encore des *trotoirs* sur l'un des côtés de nos grandes routes. Plus de la moitié de la nation voyageant à pied, il faut s'occuper de son bien-être et que toutes les classes de la société trouvent un peu de bonheur dans notre révolution.

L'on demande de toutes parts la révision de la

loi sur les élections. L'on aura besoin de s'en occuper bientôt. Il est bon de méditer d'avance ce qu'il sera utile de faire dans cette grande question. Il faudra voir s'il ne serait pas avantageux à la France d'adopter l'élection à plusieurs degrés, c'est-à-dire 1º. l'élection municipale ; 2º. l'élection cantonale, et 3º. l'élection d'arrondissement.

Je pense qu'il faut prendre la population, pour base de l'élection, parce que c'est, je crois, la répartition la plus juste et la plus exacte.

Toute commune, pour avoir droit à une administration municipale, devrait avoir au moins trois cents habitans. Toutes celles qui n'auraient pas ce nombre, seraient réunis aux plus voisines.

La commune de trois cents habitans devrait avoir un conseil municipal de dix membres, y compris le maire et l'adjoint, ces deux derniers nommés par le gouvernement sur les dix conseillers. La commune la plus populeuse ne pourrait avoir plus de vingt-cinq conseillers municipaux.

Tous les citoyens d'une commune, payant au moins 5 fr. de contribution, seraient admis à voter, ainsi que ceux qui, ne payant pas cette somme, auraient donné, par la conscription, un de leurs enfans au service de l'état.

L'élection de canton se ferait à raison d'un électeur sur cent individus de la population. Ainsi, une commune de trois cents habitans aurait trois électeurs de canton. Les trois conseillers municipaux, qui auraient obtenus le plus grand nombre de voix, seraient de droit électeurs de canton.

Ces électeurs, réunis au chef-lieu du canton, nommeraient les électeurs d'arrondissement à raison d'un individu par cinq cents âmes de population, et pourraient choisir sur tous les individus du canton payant au moins 100 fr. de contribution.

Les électeurs d'arrondissement, réunis au chef-lieu de la sous-préfecture, nomment les membres du conseil d'arrondissement et du conseil général du département, lesquels peuvent être pris sur tous les citoyens de l'arrondissement. Ce sont ces mêmes électeurs qui, réunis au chef-lieu du département avec tous les électeurs des divers arrondissemens, nomment ensemble, à raison d'un député par soixante-douze mille habitans, les députés du département, qui peuvent être pris indistinctement parmi tous les Français.

La loi sur la garde nationale a peut-être aussi besoin d'être retouchée.

Je pense encore que l'on pourrait faire quelque chose d'utile et d'économique dans l'organisation de l'armée. Je viens présenter ici quelques idées que je veux livrer aux méditations des hommes spéciaux.

GARDE NATIONALE (1).

Toutes les puissances qui nous avoisinent, malgré un état de paix de plus de vingt ans, conservent de nombreuses armées; la France, pour sa propre sûreté, est par conséquent obligée d'entretenir un

(1) Ce projet fut imprimé il y a déjà deux ans.

état militaire fort-considérable et très dispendieux.
Nous devons donc chercher les moyens d'entrer
dans une voie d'économie qui, sans trop diminuer
notre armée et sans trop déranger la position
sociale de nos citoyens qui se sont voués au métier
des armes, puisse assurer le repos et la sûreté du
pays.

La France a depuis long temps renoncé à tout
esprit de conquêtes et d'agrandissemens. Elle veut
la paix et le bonheur, et sans égoïsme, elle porte le
plus vif intérêt à celui de ses voisins.

En France, tous les citoyens doivent défendre
le pays; mais ce sont les plus jeunes qui doivent
être appelés les premiers à cette défense.

Je pense donc que la loi devrait dire que,
*tous les Français arrivés à l'âge de vingt ans,
sont spécialement attachés à la défense du pays
jusqu'à leur vingt-sixième année accomplie,* époque
où ils sont libérés de tout service militaire et où ils
peuvent reprendre leur liberté.

Trois cent mille Français arrivent chaque années
à l'âge de la conscription ; Il faut en déduire la
réforme en vertu de la loi qui ne dépasse jamais
90,000 hommes. Il restera donc chaque année
210,000 de disponibles, ce qui, pendant six ans,
donne 1,260,000 hommes, dont 60,000 seraient
donnés à la marine, et 1,200,000 à l'armée de
terre.

Je ne pense pas que l'on doive rien changer à la
loi du recrutement. Depuis long-temps elle a été
reconnue bonne et d'une facile exécution.

ellé est acceptée par nos habitudes. Ainsi l'on devrait faire le tirage au 1er janvier de chaque année et bientôt après la réforme, afin que chaqué homme puisse promptement connaître sa position.

Le gouvernement ferait ensuite l'appel des hommes dont il a besoin pour le recrutement des corps de l'armée. Le reste des hommes non appelés formerait la réserve. Ces hommes seraient organisés en compagnies qui seraient attachées à chaque bataillon de la garde nationale de canton, dont elles feraient parties et dont elles partageraient le service. Dans ces compagnies, l'on placerait de préférence les officiers et sous-officiers les plus instruits et les plus capables de faire un service actif. Elles devrait aussi recevoir une instruction plus soignée que les autres compagnies des bataillons cantonaux.

Si le gouvernement a besoin de détachemens ou d'un recrutement pour les divers corps de l'armée, il le trouve de suite dans ces compagnies. Chaque homme ayant son numéro est appelé à son tour et rang. A-t on besoin de bataillons entiers, les compagnies étant toutes organisées, le gouvernement en envoie prendre le commandement par un officier supérieur de son choix.

Toutes les compagnies formées des hommes de vingt à vingt-six ans, seraient armées des meilleurs armes des bataillons cantonaux, les hommes habillés de l'habit national et muni de l'équipement nécessaire. Les communes seraient appelées à fournir celui des hommes qui seraient reconnus n'avoir pas le moyen de se le procurer à leur propre compte.

Par ce moyen, la France aurait toujours à sa dispositon 1,260,000 hommes, dont 60,000 pour la marine et 1,200,000 pour l'armée de terre, divisée en armée active et en réserve. L'armée active seule est soldée ; la réserve ne coûte absolument rien à l'état, à moins qu'elle ne soit appelée à sortir de ses foyers pour être employée à un service actif.

Le gouvernement correspond en quatre jours avec ses préfets les plus éloignés ; le préfet en un jour avec ses sous-préfets ; ceux-ci en un jour avec ses maires. Dix à douze jours suffisent donc à la France pour réunir une force disponible de 1,200,000 hommes prêts à se porter partout où besoin sera.

Toutes les puissances de l'Europe, fussent-elles nos ennemies et réunies contre nous, ce qui, plus que jamais est *maintenant impossible*, elles hésiteraient encore à venir attaquer une nation qui sans trop fatiguer sa population et sans nuire beaucoup à son industrie, peut présenter une défense aussi formidable.

Ce plan est simple, d'une exécution facile : il est économique, il doit assurer le repos et la paix de la France, il l'a met pour jamais à l'abri de toute invasion étrangère.

PLAN D'ORGANISATION

DE L'ARMÉE FRANÇAISE.

Nous avons dit qu'il fallait à la France une armée nombreuse en rapport avec celles qu'entretiennent les puissances étrangères, jusqu'à l'époque où les circonstances nous permettront de désarmer.

L'on conserverait donc l'armée, telle quelle est maintenant organisée, une immense quantité d'officiers du plus grand mérite composant cette armée et s'étant voués à la carrière militaire, je ne voudrais pas déranger leur position, ni leur espérances d'avenir, je conserverais donc les cadres qui existent maintenant avec quelques modifications que j'indiquerai ci-après.

Je laisserais à chaque régimens d'infanterie de ligne ou légère, ses trois bataillons ; seulement je les porterais au complet de 1,000 hommes divisés en huit compagnies.

Les régimens de cavalerie de toute arme seraient également portés au complet de 1,000 de huit compagnies.

Les régimens d'artillerie conserveraient leur complet actuel divisé en douze batteries.

Les trois régimens du génie auraient l'oganisation de l'infanterie.

L'armée française se trouverait donc ainsi composée :

1. Etats-majors comme il est porté au budget actuel. . . . . 3,796 h.

2. 67 régimens d'infanterie de ligne à 3 bataillons de 3,154 h. . . 207,318

3. 21 régimens d'infanterie légère à 3 bataillons de 3,154 h. . . . 66,234

4. 53 régimens de cavalerie, dont 3 de chasseurs d'Afrique à 1,056 h. 55,968

5. 14 régimens, ouvriers, pontoniers, parc d'artillerie, environ. 22,000

6. 3 régimens du génie, ouvriers, etc. 9,822

7. 2 régimens des équipages, comme la cavalerie. 2,112

8. Corps hors ligne d'Afrique, environ 6 bataillons porté au budget pour. 6,191

9. Service administratif d'Afrique d'après le budget. 624

10. La gendarmerie d'après le budget. 16,352

11. Les vétérans de l'armée. 7,986

Total. . . . 402,403 h.

L'armée française se trouverait donc composée de 402,403 hommes dont il faudra retrancher 16,352 de gendarmerie, 7,986 h. de vétérans, ensemble 24,338. Il reste donc 378,065, et supposant que le temps de service soit réduit à six ans, ce serait environ 66,000 hommes que l'on demanderait chaque année à la conscription.

Les régimens d'infanterie, cavalerie, artillerie et du génie serait toujours tenus au grand complet, mais dans l'infanterie et le génie les 4/10 des hommes seraient envoyés dans leurs foyers en congés permanens, la cavalerie et l'artillerie donneraient des congés permanens au 3/10 des hommes des régimens, et ces hommes ne recevraient aucune solde ; et au besoin seraient de suite rappelés à leurs corps. Par ce moyen l'armée à solder se trouverait de beaucoup réduite.

Pendant six mois, c'est-à-dire du 1er novembre au 1er mai, deux dixième dans l'infanterie et le génie, et 2/10 dans la cavalerie et l'artillerie seraient envoyés dans leurs familles ; les officiers jusqu'au grade de lieutenant avec solde entière dépouillée de ses accessoires, les capitaines les trois quarts, et les officiers supérieurs les deux tiers.

Les hommes rentreraient à leurs corps respectifs le 1er mai, et à cette époque il serait formé un bataillon, par régiment d'infanterie, et ces bataillons sous les ordres de leurs officiers et sous-officiers seraient employés aux grands travaux qui pourraient être ouverts sur la superficie de la France, sous la direction du génie militaire ou civil. Ces bataillons recevraient une haute solde proportionnée aux travaux qu'ils seraient appelés à exécuter. Les deux autres bataillons seraient employés au service intérieur des places fortes.

Les régimens du génie , les régimens des équipages militaires et même ceux de l'artillerie , concourraient à ces grands travaux , en y employant les hommes et les chevaux qui seraient inutiles à l'instruction des corps.

CAVALERIE.

Comme la cavalerie est une dépense considérable pour l'état , à raison de la nourriture et de l'entretien des chevaux , et comme il faut beaucoup de temps pour former des hommes instruits et des chevaux utiles , je pense qu'il faut conserver à chaque régiment un nombre assez grand de bons chevaux. Je pense que le nombre de 500 serait suffisant pour chaque régiment. (Et peut-être pourrait-on plus tard le réduire à 450.) Cela donnerait 25,000 chevaux toujours disponibles , plus 3,000 pour les trois régimens des chasseurs d'Afrique , qui par leur position actuelle, doivent être toujours conservés à leur grand complet de guerre. C'est-à-dire que le gouvernement aurait 28,000 chevaux de troupe plus ceux des officiers à entretenir chaque année.

Mais en cas de besoin, et pour remonter promptement les régimens de cavalerie à leur grand complet , et obtenir rapidement les chevaux qui leur manquent , je proposerais de prendre dans les brigades de gendarmerie , les 6,000 chevaux nécessaires aux douze régimens de grosse cavalerie ; la

France employa ce moyen en 1815 et s'en trouva bien.

Les départemens seraient appelés à fournir les chevaux nécessaires aux autres régimens de cavalerie, chacun en proportion de ses produits en chevaux. Cette répartition serait faite dans chaque localité, de sorte que chaque commune eut à fournir un nombre désigné de chevaux pour telle ou telle arme de la cavalerie.

Il serait accordé par le gouvernement une prime à chaque propriétaire qui se serait engagé à tenir toujours à la disposition de l'état, un cheval d'une qualité désignée des inspecteurs généraux (et ceux de la gendarmerie pourraient en être chargés presque sans frais) recevraient la mission d'en aller passer la revue tous les ans aux chefs-lieux d'arrondissemens. Cette prime serait graduée pour chaque arme de la cavalerie. Je pense que l'on pourrait la porter, pour les 18 régimens de dragons et de lanciers à 60 fr. par an et à 50 fr. pour les 20 régimens de chasseurs et hussards. Ce serait par conséquent une somme de 1,060,000 fr. que le gouvernement aurait à payer annuellement en primes pour être assuré d'avoir toujours à sa disposition les chevaux nécessaires pour remonter à l'instant même tous les régimens de cavalerie. L'on pourrait en agir de même pour remonter les régimens d'artillerie et les équipages militaires.

Je suis de ceux qui pensent, qu'il faut donner avec soin, à toutes les armes qui composent l'armée française, l'instruction la plus complète possible ;

et pour cela je proposerais qu'il fut accordé à chaque régiment de toute arme, un *capitaine*, un *lieutenant* et un *souslieutenant*, qui sous les ordres des chefs des corps, seraient sépcialement chargés, non-seulement de tous les détails de l'instruction et des manœuvres, mais encore de professer et d'enseigner tout ce qui est relatif à l'art militaire, les mathématiques, l'histoire, la géographie, le dessin, etc., etc. (1).

Je proposerais que chaque militaire en entrant dans un régiment fut de droit, obligé d'y apprendre à lire, à écrire et à calculer. Ainsi chaque militaire, pourrait en raison de sa capacité et de son intelligence, compléter, non-seulement son éducation militaire; mais apprendre beaucoup de choses qui lui seront utiles pour son avenir; chacun sera à même, par ce moyen, d'arriver jusqu'où son mérite et son intelligence le porteront. Alors l'on verra les militaires en rentrant dans leurs foyers, y rapporter, avec une instruction plus grande que celle qu'ils avaient en partant, des habitudes d'ordre et de moralité; ce qui malheureusement n'arrive pas souvent dans notre position actuelle, les jeunes gens ne craindraient plus de venir passer quelques années dans les régimens de l'armée, puisqu'ils y trouveraient de grands avantages en instruction, en bonnes habitudes, en

---

(1) Ces officiers sont comptés dans le complet et dans la dépense des régimens du projet d'organisation de l'armée française.

bonnes mœurs, et nous n'aurions plus cette foule de remplaçans qui trop souvent viennent gâter la bonne composition des régimens, nous verrions aussi disparaître ces honteux marchés d'hommes, si funeste à la morale publique.

L'armée française d'après le budget de la guerre (1836) composée de toutes ses armes, est portée à l'effectif de 309,122 fr., et coûte à la France 230,000,000 fr. sans y comprendre les crédits supplémentaires souvent demandés par les ministres.

L'armée, d'après le projet, serait portée à l'effectif de 402,303 h., c'est-à-dire 93,181 h. plus que l'armée actuelle et maintenue au grand complet, elle coûterait environ 272,000,000 fr. (voir les tableaux ci-après); mais en temps de paix et d'après les idée du projet, et en donnant un certain nombre de congés permanens et semestriels, sa dépense ne s'élèverait plus qu'à environ 206,400,000 fr.

En résumé, la France réunirait ainsi le précieux avantage : 1º. D'avoir toujours à sa disposition, et prête en peu d'instans, une armée plus forte de 93,181 hommes que celle qu'elle entretient d'après le budget actuel.

2º. Elle aurait toujours à ses ordres une réserve d'environ 800,000 hommes, où elle trouverait selon ses besoins, un recrutement facile et très prompt, pour son armée de ligne, ou des bataillons disponibles, en moins de quinze jours.

3º. Une grande diminution dans la dépense et l'entretien de sa cavalerie; le moyen de la remon-

ter rapidement en bons chevaux, tous prêts à rendre d'utiles services.

4°. Au moyen de l'organisation d'une bonne instruction, dont parle le projet, l'on aura dans tous
les grades, une pépinière d'hommes instruits, laborieux, intelligens, amis de l'ordre et du pays.

5° L'on pourra faire exécuter sur la superficie de
de la France de grands et beaux travaux, dignes de
notre nation, et tout cela avec une dépense moins
grande que celle portée au budget de 1836.

Un bataillon d'infanterie de 1,000 hommes avec
ses officiers, sous-officiers et soldats, toutes dépenses comprises, coûte au gouvernement : 394.994 f.
25 c.; mais à cette somme il est nécessaire d'ajou-
te. le tiers dans la dépense d'une compagnie hors-
rang de 144 h. par régiment de trois bataillons et
celle de dix officiers de l'état-major du régiment,
montant ensemble à la somme de 72,922 fr. 40 c.,
ce qui élèvera la dépense d'un bataillon de 1,051
à 419,302 fr. 79 c., ce qui porte à environ 400 fr.
la dépense d'un homme de l'infanterie.

Un régiment de cavalerie de 1,000 h., avec ses
45 officiers, 955 sous-officiers et cavaliers, 64 chevaux d'officiers et 955 chevaux de troupe, coûte à
l'Etat 992,255 f. 10 c.; mais à cette somme il faut
ajouter celle de 25,432 fr. pour un peloton hors-
rang de 56 hommes; ce qui porte la dépense d'un
régiment de cavalerie de 1,056 h. à 1,017,687 f.
25 c., et celle de chaque cavalier monté à 992 fr.
25 c., et les hommes non montés à 454 fr.

Les 14 régimens d'artillerie de 12 batteries, dont

3 montées du complet de 1,346 h. D'après la der-
nière organisation, coûtent à l'état 1,067,556f. 20c.
Chaque Bataillon du génie, organisé comme
l'infanterie coûtera environ 440,000 f.

*Composition de l'armée actuelle d'après le bud-
jet du ministère de la guerre (1836).*

1	Etats-Majors	3,796
6.	Gendarmerie.	16,352
3.	Vétérans	7,986
4.	67 Régimens d'infanterie de ligne et 21 régimens d'infanterie légère.	200,499
5.	Chasseurs d'Afrique, corps h. ligne.	»»»
6.	53 Régimens de cavalerie de tou- tes armes	41,995
	Y compris les 3 régimens d'A- frique	»»»
7.	14 régimens d'artillerie et deux bataillons de pontoniers et ou- vriers	22,764
8.	3 Régimens du génie et ouvriers.	6,047
9.	Equipages militaires	1,828
	Services administratif de l'ar- mée.	624
	Infanterie d'Afrique, hors ligne	6,191
	Cavalerie *id.*	1,040
	Total.	309,122

Cette armée de trois cent neuf mille cent vingt
deux hommes, coûte à la France avec toutes les
dépenses portées au budget du ministère de la guerre

dans les chapitres de dépenses y compris l'occupation d'Afrique et celle d'Ancône; la somme de 230,000,000.

L'EFFECTIF DE L'ARMÉE FRANÇAISE, D'APRÈS LE PROJET,

SERAIT *Savoir* :

	h.		fr.
1. Etats-majors d'après le budget de 1836. . . .	3,796	Coûte, d'après le budget.	14,826,000
2. La gendarmerie, *idem*.	16,352	*idem*. . .	17,879,000
3. Les vétérans de l'armée évalués à 8 bataillons. .	7,986	Environ. . . .	3,600,000
4. 67 régimens d'infanterie de ligne de 3,154 h. . .	211,318	A 1,257,908 f. 37 c. chaque. . . .	84,279,860
5. 21 régimens d'infanterie de ligne de 3,154 h. . .	66,234	A 1.257,908 f. 37 c. chaque. . . .	26,516,075
6. 53 régimens de cavalerie, dont 3 d'Afrique, 1,056 h.	55,968	A 1,017,987 f. 28 c. chaque. . . .	53,937,425
7. 14 régimens d'artillerie, ouvriers, pontonniers, parcs, environ. . . .	22,000	Environ. . . .	17,000,000
8. 3 régimens du génie ouvriers, etc., environ. .	9,822	Environ. . . .	4,600,000
9. 2 régimens des équipages comme la cavalerie. . .	2,112	A 1,017,687 f. 28 c. chaque. . . .	2,035,374
10. Corps hors lignes infanterie, environ 6 bataillons.	6,191	Environ, d'après le budget. . .	2,515,817
11. Service administratif d'Afrique.	624	D'après le buget. .	1,899,600
12. Les 15 chapitres du budget, n°. 1, 2, 3, 6, 7, 9, 14, 15, 16, 17, 18, 19, 20, 21 et 22, tels qu'ils sont portés.			36,009,000
13. Objets qui auraient pu être oubliés dans le projet.			6,000,000
14. Primes pour remonter promptement la cavalerie.		D'après le projet. .	1,060,000
	402,403	qui contenait	272,057,550

RÉDUCTION QUE L'ON PEUT OBTENIR D'APRÈS LE PROJET.

Sur l'infanterie, 264 bataillons à 155,466 fr.
par bataillon, donne.. 41,043,024
Sur 50 régimens de cavalerie à 391,182 par
régiment. 19,559,100
Sur l'artillerie, environ pour le quart. . . 4,250,000
Sur le génie, environ *idem*. . . . 1,150,000
Sur 2 régimens d'équipages, comme la cava-
lerie. 605,000
                                                    ——————
                                          66,607,124   66,607,124

Ce qui réduirait la dépense entière du budget de la guerre
à la somme de. 205,450,426

Il faut observer que les six bataillons des corps hors ligne de l'occupation d'Afrique, ainsi que les trois régimens des chasseurs à cheval d'A-
frique ne sont point soumis à cette réduction, et sont conservés et comptés au grand complet et soldés comme tels.

La réduction en hommes sur l'infanterie serait de. . 105,600
Sur la cavalerie, l'artillerie, le génie, les équipages, de. 23,205
                                                              ——————
Ce qui réduirait le nombre
d'hommes à solder à   273,498, c'est-à-dire 35,624 h. moins que
Le budget de 1836 le   ne le porte le budget de 1836
porte à   309,122

RÉSUMÉ.

L'armée actuelle se compose de 309,122 hommes, elle
coûte au gouvernement. . . . . 230,000,000 fr.

D'après le projet maintenue au grand
complet, 402.303 hommes qui coûte-
raient. 272,057,000

Et d'après le projet, pied de paix (1),
la dépense serait de.   203,450,426

Ce qui porterait une réduction sur le
budget de 1836 de la somme de. . .   24,549,574

---

(1) Cette dépense devrait être augmentée de toute la différence du pied de paix au pied de guerre, pour les troupes d'Afrique, et d'une augmentation dans le prix des fourrages, ce qui ne pourrait guère dépasser 3 à 4 millions.

La différence de 35,624 h. en moins du projet avec celui du ministre de la guerre (budget de 1836) se trouve compensée par les congés permanens accordés maintenant aux différens corps de l'armée.